Enfrente o elefante na sala

QUE ELEFANTE?

Gerente/Publisher: Luís Américo Tousi Botelho
Coordenação Editorial: Verônica Marques Pirani
Prospecção: Andreza Fernandes dos Passos de Paula, Dolores Crisci Manzano, Paloma Marques Santos
Administrativo: Marina P. Alves
Comercial: Aldair Novais Pereira
Comunicação e Eventos: Tania Mayumi Doyama Natal

Preparação e Edição de Texto: Vanessa Rodrigues
Coordenação de Revisão de Texto: Marcelo Nardeli
Revisão de Texto: Priscila Pereira Mota
Projeto Gráfico, Capa e Editoração Eletrônica: Antonio Carlos De Angelis
Ilustrações: Gilmar Barbosa (@cartunistagilmar)
Produção e Edição dos Vídeos: Jeisy Mendes e Daniel de Oliveira
Janelas de Libras: Libraria - Acessibilidade em Libras
Intérprete de Libras: Elder Chagas
Impressão e Acabamento: Gráfica AR Fernandez

Editora Senac São Paulo
Av. Engenheiro Eusébio Stevaux, 823 – Prédio Editora
Jurubatuba – CEP 04696-000 – São Paulo – SP
Tel. (11) 2187-4450
editora@sp.senac.br
https://www.editorasenacsp.com.br

Dados Internacionais de Catalogação na Publicação (CIP)
(Claudia Santos Costa - CRB 8ª/9050)

Khoury, Karim
Enfrente o elefante na sala : como conduzir conversas difíceis : trabalho, família, vida social / Karim Khoury. – São Paulo : Editora Senac São Paulo, 2025.

Bibliografia.
ISBN 978-85-396-5743-8 (impresso/2025)
e-ISBN 978-85-396-5744-5 (ePub/2025)
e-ISBN 978-85-396-5745-2 (PDF/2025)

1. Comunicação interpessoal. 2. Relações humanas. 3. Inteligência emocional. I. Título.

25-2548c CDD – 153.6
BISAC SEL040000

Índice para catálogo sistemático:
1. Comunicação interpessoal : Conversas difíceis 153.6

Karim Khoury

Enfrente o elefante na sala

Como conduzir conversas difíceis

trabalho • família • vida social

Editora Senac São Paulo – São Paulo – 2025

Sumário

Nota do editor

Entre as habilidades consideradas as mais requeridas para o mundo do trabalho – o de hoje e o do futuro –, a comunicação funciona como um elemento central, que conecta e potencializa as demais habilidades relevantes (por exemplo, resiliência, flexibilidade e pensamento crítico, para citar algumas das listadas nos relatórios recentes do Fórum Econômico Mundial).

Neste livro, Karim Khoury se volta para um aspecto fundamental da comunicação: a conversa, que faz parte (ou deveria fazer) não só do dia a dia profissional como também das nossas relações pessoais. E o autor se concentra em um tipo de conversa bem específico: aquela difícil, desconfortável, mas que uma hora ou outra precisa acontecer para que as coisas melhorem ao redor: o trabalho, a vida familiar, a saúde mental.

Este livro ensina técnicas e práticas para falar (e escutar) bem em situações de pressão. Karim traz um texto objetivo e eficaz – como todo bom diálogo deve ser – e expande a prosa com vídeos de apoio elaborados capítulo a capítulo, com o cuidado que caracteriza sua interação com os leitores e leitoras. Um conteúdo mais do que necessário na atualidade e que se alinha com o propósito do Senac São Paulo, que é o de transformar vidas por meio da educação.

Agradecimentos

Obrigado por abrir este livro – e, quem sabe, abrir também um espaço dentro de si para acolher o que é real, mesmo quando desconfortável.

Conversas difíceis fazem parte da vida, mas a forma como nos aproximamos delas pode mudar tudo. Quando escolhemos estar presentes. Quando ouvimos com curiosidade. Quando falamos com compaixão.

Escrever sobre esse tema é, por si só, um ato de coragem. E ler sobre ele, também.

Escrevo com o mesmo carinho com que falaria com minha filha, Stella, e com minha querida Silmara.

Este livro não é um manual. É um convite para que você desacelere. Escute de verdade e se expresse com mais coragem e menos julgamento.

Desejo que estas páginas ofereçam mais do que ideias: que tragam acolhimento, clareza e impulso para que você diga o que precisa ser dito, com respeito e empatia.

Que este conteúdo não fique preso ao papel. Que ganhe vida no seu dia a dia – uma conversa de cada vez.

Porque, no fim das contas, não se trata de dizer algo perfeito. Mas de estar presente, com verdade.

“Fale com honestidade. Escute com atenção. Responda com o coração.”

– Thich Nhat Hanh

1

O desafio de romper o silêncio e comunicar-se com empatia

“Romper o silêncio é o primeiro passo para a cura.”

– Diane Chamberlain

Todos nós somos neurologicamente programados para evitar dor e buscar conforto ou prazer. É por isso que, muitas vezes, preferimos evitar conflitos ou conversas difíceis. Infelizmente, essa tendência pode ser um terreno fértil para comportamentos abusivos, um cenário em que o silêncio é visto como conivência ou aceitação.

Pergunte a si mesmo: você prefere sofrer em silêncio ou encarar o desconforto para resolver o que está incomodando?

Evitar uma conversa pode prolongar o sofrimento, enquanto enfrentá-la com respeito e clareza oferece uma **oportunidade real de mudança**. Além disso, essa iniciativa pode preservar e até melhorar sua saúde mental.

Rompido o silêncio, o desafio passa a ser comunicar-se com respeito durante as conversas difíceis. Afinal, esse tipo de diálogo pode trazer consequências, pois algumas pessoas podem não gostar de ouvir certas verdades. Nem sempre você ouvirá de volta algo como "Que bom que você disse o que pensa". Pelo contrário: em muitos casos, o desconforto e a tensão são inevitáveis.

Embora as reações possam variar, há **formas de suavizar o impacto**. Eu, por exemplo, gosto de valorizar a sinceridade nos meus relacionamentos. Quando alguém compartilha algo desafiador comigo, costumo dizer:

- ✓ **"Muito obrigado pela transparência."**
- ✓ **"Obrigado por compartilhar."**
- ✓ **"Agradeço sua sinceridade."**
- ✓ **"Obrigado pela confiança."**

Essas expressões reconhecem o esforço da outra pessoa em ser honesta e ajudam a dissipar o desconforto. **Agradecer a sinceridade cria um ambiente mais acolhedor**, incentivando a outra pessoa a continuar sendo aberta com você.

✓ **Lembre-se:** conversas difíceis são necessárias para construir relações autênticas e saudáveis. Ao valorizar a sinceridade, acolher o desconforto e enfrentar a situação com empatia, você abre caminhos para soluções e conexões mais profundas. Transforme o desconforto em uma oportunidade de crescimento, tanto para você quanto para seus relacionamentos.

REFLEXÃO

- Romper o silêncio sobre determinado assunto pode reduzir seu estresse e melhorar sua saúde mental?
- O que te impede de enfrentar essa conversa?

ENFRENTE E SIGA EM FRENTE

2

Você não pode controlar a reação da outra pessoa, mas pode decidir qual será o seu próprio comportamento

“Não nos sentimos à vontade para enfrentar conversas difíceis. Não sabemos como dar e receber *feedback* de modo a fazer pessoas e processos avançarem.”

– Brené Brown

Antes de entrar em uma conversa difícil, é importante se lembrar de um princípio fundamental: não conseguimos controlar como a outra pessoa reagirá, mas somos os responsáveis pelo nosso comportamento. A forma como você se comunica – as palavras que você escolhe, o tom de voz, as expressões faciais – transmite suas intenções. Então, pergunte-se:

Estou buscando resolver a situação ou apenas provocar?
Meu foco está em encontrar soluções ou em perpetuar o conflito?

Simplifique e construa pontes

Quando você se comunica com raiva ou com o objetivo de atingir a outra pessoa, o diálogo tende a estagnar. As chances de entendimento diminuem, e a conversa pode rapidamente se transformar em um embate. Por outro lado, ao abordar a pessoa com respeito e empatia, você abre espaço para uma troca mais construtiva e aumenta as chances de alcançar um acordo ou, pelo menos, uma melhora na situação.

Toda conversa tem um ciclo

Uma conversa difícil tem um começo, um meio e um fim. Como você deseja conduzir esse ciclo? Com raiva e frustração ou com respeito e amor? Essa escolha é sua e influencia diretamente o desfecho do diálogo.

Como você deseja viver sua própria vida?

Entre o momento em que nascemos e o momento em que partimos, temos escolhas diárias: **vamos cultivar a raiva ou o amor?** A maneira como você encara conversas difíceis reflete o modo como você escolhe navegar pela vida. E, ao escolher o caminho do respeito e da empatia, você não apenas melhora as interações como também constrói um **legado de paz e conexão**.

Fale com intenção. Construa pontes. E lembre-se: cada escolha que você faz na comunicação é um reflexo da pessoa que você deseja ser.

REFLEXÃO

- **Qual é a sua intenção ao conduzir uma conversa difícil?**
- **O seu ponto de partida é se comunicar com amor?**

VIDA + MORTE
VIDAMORTE

3

A importância daquilo que não falamos

“Tudo o que você diz é produto de quem você é e da sua maneira de pensar. Seja ele gentil ou cruel, o seu discurso leva a sua assinatura.”

– Thich Nhat Hanh

A comunicação não verbal vai além das palavras que você diz. Ela abrange tudo o que seu corpo e suas ações transmitem enquanto você fala ou escuta. Suas palavras carregam a mensagem, mas o que dá vida à sua comunicação é a linguagem corporal, as expressões faciais, o tom de voz e o nível de assertividade.

O poder da assertividade

Ser assertivo significa expressar seus pensamentos, sentimentos, opiniões e direitos de maneira **clara, direta e respeitosa**, sem cair na passividade ou na agressividade. Uma comunicação assertiva demonstra confiança e respeito, criando conexões mais fortes e produtivas com as pessoas ao seu redor.

Como a linguagem não verbal fortalece sua comunicação

Sua linguagem não verbal é uma extensão poderosa de suas palavras. Ela transmite segurança, respeito e influência. Corpo e mente estão interligados e influenciam um ao outro. Você pode usar isso a seu favor para projetar autoconfiança e credibilidade.

Acompanhe, a seguir, algumas estratégias para aprimorar sua comunicação não verbal.

- ✓ **Postura.** Mantenha uma postura ereta e relaxada, tanto ao se sentar quanto ao ficar em pé. Isso demonstra confiança e receptividade.
- ✓ **Ombros relaxados.** Eles transmitem calma, autocontrole e abertura.
- ✓ **Distribuição do peso.** Apoie seu corpo de forma uniforme nos dois pés, projetando estabilidade e equilíbrio.
- ✓ **Espaço pessoal.** Respeite o espaço da outra pessoa, mantendo uma distância de 60 centímetros a 1,5 metro. Em situações tensas, evite tocar a pessoa, pois isso pode ser mal interpretado.
- ✓ **Gestos.** Use gestos naturais, fluidos e sem exageros para reforçar sua mensagem sem desviar a atenção.
- ✓ **Contato visual.** Olhe nos olhos com sinceridade, mas sem exagerar. Pouco contato visual pode sinalizar insegurança, enquanto um olhar muito fixo pode parecer intimidador.
- ✓ **Tom de voz.** Adote um tom firme, amigável e audível. Falar baixo demais pode transmitir insegurança; alto demais pode soar agressivo. O equilíbrio é essencial para transmitir clareza e confiança.

Por fim, tenha em mente que **o silêncio também comunica**. Mesmo sem palavras, sua postura e sua presença "falam". Escutar com atenção e respeito transmite consideração e abre espaço para que também escutem você.

REFLEXÃO

- Sua presença, mesmo em silêncio, diz muito sobre você.
- Que ajustes você pode fazer para se comunicar ainda melhor?

4

Escolha suas palavras com cuidado

"Acredito que a principal regra para uma comunicação eficaz deve ser 'escolha suas palavras com sabedoria'. Isso porque uma simples escolha de palavras pode fazer uma grande diferença e determinar se sua mensagem será aceita ou rejeitada."

– Jason Mainsons

Ao enfrentar conversas difíceis, escolher as palavras certas é essencial para manter o foco no diálogo e a atenção da outra pessoa. Conversas desafiadoras frequentemente envolvem emoções intensas, por isso é importante lembrar que **o significado da comunicação não é apenas o que você pretende dizer, mas também como o outro interpreta e responde.**

Cada pessoa atribui significados únicos às palavras. O que pode parecer inofensivo para você pode ser recebido de forma negativa por quem ouve. Por isso, escolher as palavras com sabedoria é fundamental para transmitir segurança e clareza, garantindo que sua mensagem seja compreendida sem gerar distrações ou conflitos desnecessários.

Evite palavras que desviam o foco

Palavras como "**sempre**", "**nunca**", "**tudo**" e "**nada**" podem intensificar o conflito quando usadas de forma inadequada. Essas generalizações, na maioria das vezes, não refletem a realidade e tendem a fazer com que a outra pessoa se sinta injustiçada ou atacada. Ao ouvir frases como "você sempre faz isso" ou "você nunca faz aquilo", a reação natural é entrar na defensiva, pois essas expressões ignoram esforços passados ou situações que contradizem a afirmação.

Quando alguém se sente atacado, o diálogo pode rapidamente se transformar em um embate emocional, dificultando a resolução da situação e desviando o foco do ponto principal. Para evitar isso, **prefira linguagem precisa e específica**, que mantém a conversa no contexto atual e promove uma comunicação mais produtiva.

Exemplo

- × **Evite:** “Você sempre entrega o seu relatório atrasado”.
- ✓ **Prefira:** “Na segunda-feira, eu não recebi o seu relatório no prazo combinado”.

A segunda frase não apenas evita generalizações como também apresenta um fato, permitindo que a conversa avance de forma objetiva e respeitosa.

REFLEXÃO

Quais palavras você costuma usar que podem ser substituídas para tornar sua comunicação mais clara e eficiente?

5

O poder de comunicar o óbvio

"As coisas mais importantes a dizer são aquelas que muitas vezes eu não achei necessário mencionar – porque eram óbvias demais."

– André Gide

Só porque algo parece óbvio para você, não significa que seja igualmente claro para os outros. O que você já sabe há muito tempo pode ser desconhecido para alguém ao seu redor. É por isso que, mesmo quando uma informação parece evidente, é essencial comunicá-la de forma clara e direta, especialmente em situações importantes.

Um momento marcante que me fez perceber isso foi quando me tornei doador de córneas. Na época, recebi um documento que oficializava minha decisão, mas **fiquei surpreso com as explicações detalhadas** da profissional que me atendeu. Ela fez questão de esclarecer que a remoção das córneas é um procedimento indolor, realizado apenas após o falecimento. Para mim, isso parecia algo evidente, mas logo percebi que não era tão óbvio para todos.

Ao notar minha reação, ela explicou calmamente: "O processo de remoção das córneas é feito somente após o óbito, por profissionais treinados em bancos de olhos ou hospitais. Além disso, o procedimento não altera a aparência do doador, permitindo que os ritos de passagem ocorram normalmente".

E, com um sorriso, ela acrescentou: **"Pode parecer óbvio, mas, desde que começamos a explicar essas informações de forma clara, o número de doadores aumentou consideravelmente".**

Foi nesse momento que compreendi uma grande lição: o que é óbvio para você pode não ser para outra pessoa. Informações que tomamos como garantidas podem ter um impacto significativo quando comunicadas de forma clara e acessível.

REFLEXÃO

Existe algo que, mesmo sendo óbvio para você, pode não ser claro para quem está ouvindo?

6

O poder de substituir o "mas" pelo "e" em conversas difíceis

“Nada do que alguém diz antes da palavra ‘mas’ realmente conta.”

– George R. R. Martin

Conduzir uma conversa difícil exige habilidade para manter o foco do diálogo. Um simples erro no uso das palavras pode colocar tudo a perder. É importante lembrar que toda conversa tem um começo, um meio e um fim – e a maneira como você conduz cada etapa pode determinar o sucesso ou o fracasso dessa interação.

Ao abordar questões delicadas, evite o uso da conjunção "mas" e seus sinônimos, tais como "porém", "todavia", "entretanto", "no entanto" e "contudo". O problema do "mas" é que ele anula ou invalida tudo o que foi dito antes. Para quem está ouvindo, essa palavra funciona como um ponto de negação, gerando reações defensivas e desviando o foco do diálogo para justificativas ou argumentos de defesa.

Essa dinâmica cria um círculo vicioso de "eu ataco e você se defende", dificultando a construção de um diálogo produtivo. Para evitar isso, experimente substituir o "mas" pelo "e". Isso **mantém a mensagem positiva e agrega continuidade** ao que você quer dizer.

Exemplos

× **Com "mas":** "Quero ajudar, mas estou muito ocupado agora".

✓ **Com "e":** "Quero ajudar **e** estou muito ocupado agora. Podemos encontrar outra solução juntos daqui a uma hora?".

× **Com "mas":** "Gostei das suas ideias, mas precisamos ser mais práticos".

✓ **Com "e":** "Gostei das suas ideias **e** precisamos encontrar uma forma de torná-las mais práticas".

× **Com "mas":** "O desempenho foi bom, mas há pontos a melhorar".

✓ **Com "e":** "O desempenho foi bom **e** há pontos que podemos melhorar ainda mais".

Por que substituir o "mas" funciona?

- ✓ **Mantém a positividade.** A mensagem inicial não é descartada ou diminuída, e isso coopera para o engajamento da pessoa com quem você está falando.
- ✓ **Promove colaboração.** A substituição do "mas" por "e" abre espaço para ideias complementares, em vez de contraditórias.
- ✓ **Reduz atitudes defensivas.** Evita que a outra pessoa se sinta atacada, facilitando um diálogo mais produtivo.

REFLEXÃO

Em quais situações você pode substituir o "mas" por "e" para tornar suas conversas mais construtivas?

Existem três palavras que apareceram bastante no que você leu até aqui. Elas são, ao mesmo tempo, o caminho e o resultado de uma conversa produtiva. Convido você a encontrá-las.

Não é difícil localizá-las, assim como não deve ser para incorporá-las no seu dia a dia. Elas fazem uma diferença enorme no nosso bem-estar.

I C E N S T A T T S O T E N S T E A
E R S N T S T O W E I T E D P A S E
N E S S T B N A I N E N E I W E D D
M S H M N W B R O S T P K S H R C T
Y P W E D U B E I A I S I A N A R N
N E M P A T I A B H E U R E A O R F
H I L R E H S N N Y T N D Y A T N C
H T H C K S M C C L A R E Z A C E A
S O B A L R R A L O S R P C O S A U
E H N N E R E F H E D A H H P T F R
R L C S I O R E N O N H R A N N D C
M C I U G T E S C R F A O S E E E D

Se não encontrá-las, consulte o gabarito no final do livro.

7

Ataque o problema, e não a pessoa

"Quem não pode atacar o argumento ataca o argumentador."

– Paul Valéry

O conceito "Ataque o problema, e não a pessoa" é uma **abordagem poderosa de resolução de conflitos** e comunicação. Ele convida as pessoas a focarem a solução da situação ou do desafio, em vez de criticarem ou culparem os indivíduos envolvidos. Essa prática é amplamente aplicada em conversas difíceis, negociações, ambientes de trabalho e relacionamentos interpessoais, promovendo um diálogo mais construtivo, respeitoso e colaborativo.

Por que evitar ataques pessoais?

Quando você faz observações que atacam a identidade de alguém, é comum que a mensagem se torne imprecisa e que a pessoa se sinta criticada como um todo. Isso frequentemente **gera confusão e uma postura defensiva**. Por exemplo, uma declaração como "Você é irresponsável" não apenas deixa a pessoa sem clareza sobre o problema específico como também pode gerar ressentimento e bloquear o diálogo.

O poder de focar o comportamento

Em vez de atacar a pessoa, descrever o comportamento especificamente permite que ela compreenda de maneira clara o que foi inadequado. Esse tipo de abordagem promove a autorreflexão e a possibilidade de mudança.

Exemplos

- × Evite: "Você é irresponsável". (ataque pessoal)
- ✓ Prefira: "Ontem, eu não recebi o relatório no prazo combinado". (foco no comportamento)
- × Evite: "Você é bagunceiro". (ataque pessoal)
- ✓ Prefira: "Você ainda não organizou seu quarto". (foco no comportamento)

Por que isso funciona?

- ✓ Clareza. Descrever o comportamento ajuda a outra pessoa a entender o significado da comunicação.
- ✓ Respeito. A abordagem evita humilhação.
- ✓ Colaboração. Quando focamos o problema, o diálogo se torna uma oportunidade de encontrar soluções conjuntas.

REFLEXÃO

- Em quais situações você pode evitar os ataques pessoais e optar por ter foco no comportamento da outra pessoa?

8

O poder de começar com "Eu..." para desarmar conflitos

“Viva a vida
como se ninguém
estivesse olhando
e se expresse
como se todo
mundo estivesse
escutando.”

– Nelson Mandela

Prefira expressar seu ponto de vista com frases que comecem com "Eu...". Essa abordagem ajuda a buscar soluções para a situação, em vez de gerar hostilidade ou colocar a outra pessoa na defensiva. Sempre que você atacar alguém, a reação natural será de defesa, o que pode bloquear o diálogo e dificultar a resolução do problema.

Imagine que, ao embarcar em um avião, você encontre alguém sentado na sua poltrona. Em vez de dizer apressadamente **"Você está sentado no meu lugar"**, supostamente acusando a pessoa de agir de má-fé, você pode optar por uma abordagem mais neutra e respeitosa. Por exemplo, **"Meu assento é o 15K. Você pode, por favor, conferir o seu assento?"**.

Essa situação já aconteceu comigo, e a pessoa, percebendo o que havia acontecido, pediu desculpas gentilmente e mudou de lugar sem gerar desconforto.

Ao descrever uma situação, prefira usar frases como **"Eu me senti..."** ou **"Eu fiquei..."**. Essas expressões são mais eficazes do que iniciar uma conversa com acusações.

Exemplos

- × **Evite:** "Você está errado".
- ✓ **Prefira:** "Eu vejo a situação de outra maneira".
- × **Evite:** "Você não se importa comigo".
- ✓ **Prefira:** "Eu fiquei chateado com o fato de você ter se atrasado para o nosso encontro".

Se você puder se comunicar de forma a evitar ataques, críticas ou culpas diretas, será menos provável provocar reações defensivas ou hostis. Em vez disso, você criará um ambiente mais propício ao diálogo, reduzindo a chance de os conflitos escalarem.

REFLEXÃO

Em quais situações você pode expressar seu ponto de vista começando com "Eu..."?

9

O poder e a função das emoções

"As emoções negativas, como a solidão, o ciúme e a culpa, têm um papel importante a desempenhar em uma vida feliz: são grandes sinais de que algo tem que mudar."

– Gretchen Rubin

Uma emoção é uma reação natural e intensa do corpo e da mente a um estímulo, como uma situação, um pensamento ou uma interação. Todas as emoções são úteis: elas nos ajudam a interpretar o mundo ao nosso redor, a tomar decisões e a nos conectarmos com outras pessoas.

Nosso sistema emocional funciona como um poderoso **alarme interno**, extremamente eficaz. Diante de uma ameaça, ele nos informa rapidamente sobre o que está acontecendo e prepara nosso corpo para agir. Basicamente, respondemos de três maneiras: atacamos, fugimos ou nos escondemos.

Um exemplo de emoção em ação

Imagine que você esteja caminhando em um parque e, de repente, vê um cachorro grande latindo e correndo em sua direção. Nesse momento, o medo entra em ação.

- ✓ **Seu corpo reage.** O coração acelera para preparar você para correr ou se defender.
- ✓ **Sua mente avalia.** Você pensa: "Ele pode me morder!".
- ✓ **Você age.** Instintivamente, você corre ou recua.

Essa resposta automática e passageira é essencial para lidar com situações importantes, especialmente aquelas interpretadas como perigosas. As emoções nos ajudam a **reagir rapidamente** ao que é significativo para nossa sobrevivência e nosso bem-estar.

As funções essenciais das emoções

Quando compreendemos a função e a importância das emoções, conseguimos usá-las a nosso favor, tornando-as verdadeiras aliadas no dia a dia.

Aqui estão algumas das funções essenciais das emoções:

- ✓ contribuir para a sobrevivência – o medo, por exemplo, nos ajuda a evitar perigos;
- ✓ fornecer informações sobre o que está acontecendo;
- ✓ ajudar na tomada de decisões, já que emoções influenciam escolhas e nos indicam o que é importante para nós;
- ✓ nos estimular a agir rapidamente.

REFLEXÃO

O fato de você reconhecer que todas as emoções têm uma função ajudou a reduzir a tensão?

- *Alegria* – Incentiva a repetição de ações que geram bem-estar
- *Tristeza* – Sinaliza para os outros a necessidade de apoio e empatia
- *Medo* – Nos prepara para enfrentar ou evitar perigos
- *Raiva* – Mobiliza energia para enfrentar ou remover obstáculos
- *Nojo* – Nos protege contra perigos físicos
- *Surpresa* – Facilita a adaptação a mudanças repentinas no ambiente
- *Amor* – Fortalece os relacionamentos
- *Vergonha* – Promove autorreflexão e desenvolvimento pessoal
- *Culpa* – Estimula a reparação de erros e a reconciliação
- *Ansiedade* – Nos prepara para lidar com situações desconhecidas
- *Inveja* – Impulsiona o crescimento pessoal

10

Aceite as emoções: um caminho para a saúde emocional

“Quando uma pessoa sai da minha vida, parece que deixa um precipício. Tem hora que dá raiva, tem hora que dá medo, tem hora que dá vazio, tem hora que dá uma tristeza profunda e tem hora que tudo isso se acalma. Ter saudade é perceber o quanto essa pessoa foi importante na minha vida. Que presente ter convivido com ela! Hoje essas pessoas se mudaram para dentro de mim. Desse lugar, ninguém tira. Leva tempo, mas tudo bem."

– Elissa Khoury Daher

Muitas vezes, somos ensinados a conter e reprimir nossas emoções, lutando contra aquilo que sentimos. Porém essa abordagem é contraproducente. Resistir ao que já é um fato só aumenta a tensão e nos afasta da possibilidade de lidar de forma saudável com o que estamos vivenciando.

Quando reprimimos uma emoção, ela tende a se amplificar, acumulando-se até gerar impactos negativos, como estresse, ansiedade e insônia. É importante lembrar que até mesmo as emoções consideradas "negativas" fazem parte da experiência humana e, **sim, está tudo bem senti-las**. Emoções têm uma função adaptativa: elas nos ajudam a enfrentar desafios, nos protegem de perigos e nos conectam com o mundo.

No entanto, uma emoção pode se tornar "doentia" quando deixa de cumprir suas funções naturais e passa a gerar sofrimento intenso, persistente e desproporcional. Isso pode interferir negativamente nas atividades diárias, nos relacionamentos e na saúde mental. Em vez de ajudar a lidar com situações difíceis, a emoção acaba se tornando um obstáculo. Reconhecer esse limite e buscar ajuda é essencial para restaurar o equilíbrio emocional e promover o bem-estar.

O poder da aceitação

A chave para lidar de forma saudável com as emoções é aceitá-las sem julgamento. **Toda emoção que você sente tem um motivo para existir** e faz parte do seu funcionamento humano. Não há nada de errado em sentir tristeza, medo, raiva ou qualquer outra emoção. Elas não são sinais de fraqueza ou de que você está "quebrado" ou "quebrada". Na verdade, elas mostram que você está funcionando perfeitamente como um ser humano completo.

Lembre-se: você não está só. Todos nós sentimos diversas emoções, e está tudo bem vivê-las plenamente.

Aceitar suas emoções é o primeiro passo para transformar a relação que você tem consigo mesmo. **Seja gentil com seus sentimentos** e com você, pois isso pode mudar completamente a maneira como você enfrenta os desafios da vida.

REFLEXÃO

- Você tem o hábito de reprimir suas emoções?
- Reconhecer que não está só e que é normal sentir qualquer tipo de emoção trouxe algum alívio emocional?

11

Enfrente o elefante na sala

"Quando há um elefante na sala, você não pode fingir que ele não está lá e apenas discutir as formigas."

– Ellen Wittlinger

A expressão "o elefante está na sala" refere-se a um problema evidente e desconfortável que todos percebem, mas evitam reconhecer ou discutir. Muitas vezes, as pessoas fingem que o problema não existe, ignorando sua presença.

Essa figura de linguagem descreve situações em que algo importante é ignorado, geralmente por constrangimento, medo de conflito ou falta de coragem para abordar o tema. A origem da expressão vem da ideia de que um elefante – enorme e impossível de não ser notado – não poderia passar despercebido em uma sala pequena.

Todos nós já enfrentamos esse tipo de situação, seja no âmbito pessoal ou no profissional.

- ✓ **No trabalho.** Durante uma reunião, todos sabem que a empresa enfrenta dificuldades financeiras, porém o tema é evitado. O problema é evidente, mas ninguém tem coragem de mencioná-lo.
- ✓ **Na família.** Um membro pode estar enfrentando um vício ou outro problema grave, mas o assunto é ignorado, mesmo sendo claramente perceptível.

A imagem do "elefante na sala" é poderosa porque nos lembra de uma verdade simples: **ignorar um problema não o faz desaparecer**. Pelo contrário, quanto mais tempo ele permanece lá, maior e mais difícil ele se torna.

Vale destacar que nem todos os desafios precisam ser enfrentados. Alguns podem realmente não valer a pena. No entanto, quando você decide que uma conversa é necessária, é essencial se preparar. Conversas difíceis envolvem questões delicadas e emocionalmente carregadas, exigindo coragem, empatia e habilidades de comunicação para lidar com o risco de mal-entendidos ou desconforto emocional. **Vale a pena enfrentar a conversa se...**

- ✓ ... o relacionamento é importante para você.
- ✓ ... o problema pode causar danos se não for abordado.
- ✓ ... há potencial para um resultado positivo ou para esclarecer expectativas.
- ✓ ... você se preparou emocionalmente para lidar com a situação.

Alguém precisa iniciar a conversa, e esse passo depende de você. Quanto mais cedo você confrontar o elefante, mais fácil será lidar com ele e evitar que cresça ainda mais.

REFLEXÃO

Existe algum desafio que está te gerando desconforto neste momento?

12

A coragem de dialogar

“A coragem não é a ausência do medo, mas a capacidade de seguir em frente apesar dele.”

– John McCain

A maneira mais eficiente de abordar uma conversa difícil é enfrentá-la enquanto o desafio ainda é pequeno. Como você só tem controle sobre o seu próprio comportamento, tome a iniciativa e dê o primeiro passo para iniciar o diálogo. Pequenos desconfortos, quando ignorados, tendem a crescer com o tempo e podem comprometer a saúde do relacionamento. Simples assim.

Entre os principais motivos que levam as pessoas a evitarem conversas difíceis, destaco:

- ✓ **medo do conflito e das consequências**, pois muitos temem que a conversa possa agravar a situação;
- ✓ **desconforto emocional**, isto é, o receio de lidar com sentimentos incômodos;
- ✓ **medo de perder o controle das emoções**, ou seja, o temor de se mostrar vulnerável;
- ✓ **preocupação com a imagem pessoal**, isto é, o receio de parecer inconveniente ou frágil;
- ✓ **esperança de solução espontânea**, ou seja, a crença de que o problema se resolverá sozinho;
- ✓ **experiências negativas no passado**;
- ✓ **sensação de inutilidade**, isto é, a percepção de que a conversa não trará mudanças significativas;
- ✓ **falta de habilidade de comunicação.**

Reconhecer nossos medos é o primeiro passo para lidar com eles. Conduzir uma conversa difícil exige que aceitemos nossa vulnerabilidade. Como bem define Brené Brown: "A coragem de ser vulnerável não se trata de vencer ou perder; trata-se de ter a coragem de fazer algo quando não é possível prever ou controlar o resultado".

Você não pode controlar como o outro irá reagir ou o resultado da conversa. Isso faz parte da nossa experiência como seres humanos – e tudo bem. O que está ao seu alcance é investir no que você pode controlar, como desenvolver suas habilidades de comunicação e abordagem.

Conversas difíceis **têm o potencial de gerar relacionamentos mais saudáveis quando conduzidas de forma consciente e construtiva.** E isso fortalece sua autoestima, na medida em que você exerce mais influência para construir a vida que deseja para si. Invista nisso!

REFLEXÃO

Como você se sente após enfrentar e resolver um desafio?

13

Abra espaço para o diálogo

“O que acontece quando as pessoas abrem seus corações? Elas se tornam melhores.”

– Haruki Murakami

Quando a confiança está presente em um relacionamento, tudo flui com mais leveza; na ausência dela, tudo se torna mais complicado. Por isso, ao conduzir uma conversa difícil, é essencial que você, em algum momento, exponha seu ponto de vista sobre a situação com honestidade. Falar a verdade com empatia e gentileza é a base para fortalecer a confiança.

Provavelmente, você já precisou dialogar com pessoas que não inspiravam a menor confiança (eu também já passei por isso). Para influenciar positivamente alguém e construir um relacionamento baseado na confiança, tome a iniciativa e adote as seguintes práticas:

- ✓ seja coerente;
- ✓ cumpra o que foi combinado;
- ✓ reconheça quando errar;
- ✓ demonstre interesse genuíno;
- ✓ escute a outra pessoa sem distrações.

Ainda assim, quando a outra pessoa não confia em você, pode haver uma barreira que você desconhece. Nesse caso, abra espaço para o diálogo com **perguntas diretas, mas acolhedoras**, como:

- ✓ "Eu queria saber se há algo que está te incomodando ou que você gostaria de falar comigo."
- ✓ "Quero ter certeza de que estamos bem. Existe algo que você acha que precisamos conversar?"
- ✓ "Tem alguma coisa que você gostaria de me dizer e ainda não teve a oportunidade ou não se sentiu confortável?"

Com **crianças ou jovens** você pode usar as seguintes perguntas:

- ✓ "Tem alguma coisa que você gostaria de falar comigo, mas não sabe como começar?"
- ✓ "Eu estou aqui se você quiser me contar alguma coisa que está te preocupando."
- ✓ "Você sabe que pode me contar qualquer coisa, não é? Tem algo que você queira me falar?"

Essas abordagens ajudam a iniciar uma conversa difícil de maneira respeitosa e construtiva, criando um ambiente seguro e acolhedor para que a pessoa se sinta à vontade para se abrir.

REFLEXÃO

Você cria um espaço acolhedor para dialogar?

Agora eu convido você para uma pausa, um momento para refletir de forma lúdica. Preencha o quadro de palavras cruzadas a partir dos enunciados 1 a 6 ao lado e descubra a palavra que completa esta afirmação:

Ser claro em uma conversa é ser

____ ____ ____ ____ ____ ____.

1. Você acabou de ler, neste capítulo, que é importante abrir espaço para ele.
2. No capítulo 10, aprendeu que está tudo bem senti-las.
3. O capítulo 4 mostrou que você deve evitar essa palavra em conversas difíceis.
4. A capacidade de se colocar no lugar da outra pessoa.
5. Quando ela está presente em um relacionamento, tudo flui com mais leveza. Eu disse isso agora há pouco, neste capítulo 13.
6. Tire da sala, e melhore a sua vida!

Depois de resolver esse enigma, pense na frase que se formou: **"Ser claro em uma conversa é ser gentil"**. Pense em como essa ideia permeia o que falei até aqui... e continuarei a falar nos capítulos seguintes.

14

Crie um ambiente seguro para falar a verdade

"Se algo deixa você com medo, talvez seja uma boa ideia tentar."

– Seth Godin

A professora Amy Edmondson, de Harvard, popularizou o conceito de segurança psicológica, que descreve como uma qualidade do ambiente em que as pessoas se sentem à vontade para expressar ideias, compartilhar preocupações, fazer perguntas e admitir erros – tudo isso, sem o temor de consequências negativas ou punições. Em outras palavras, é um espaço em que você pode usar de franqueza sem medo.

Criar um ambiente seguro é essencial, especialmente ao conduzir conversas difíceis, pois só é possível chegar a acordos reais quando temos a capacidade de falar a verdade.

A segurança psicológica pode ser aplicada tanto no contexto pessoal quanto no profissional. No ambiente familiar, ela estabelece a base para relacionamentos saudáveis. Quando os membros da família se sentem seguros e apoiados, têm mais chances de criar vínculos fortes, baseados em confiança, respeito e comunicação aberta.

A confiança é a base da segurança psicológica. Para praticar esse conceito, o primeiro passo é abrir-se para **ouvir as pessoas sem as julgar**. Essa postura impacta diretamente a forma como lidamos com a verdade e nos conectamos com os outros.

Para criar um ambiente seguro, é necessário abandonar o julgamento e adotar uma atitude de apoio e empatia. É importante se preparar para ouvir verdades desconfortáveis – e tudo bem. Quando falamos de conversas difíceis, isso é algo extremamente saudável. É melhor identificar um desafio enquanto ele ainda é pequeno, pois será mais fácil resolvê-lo antes que se torne maior.

Quanto menos julgamento houver em nossas palavras e atitudes, mais abertura as outras pessoas terão para nos ouvir e colaborar. No entanto, isso exige uma revisão dos nossos comportamentos, já que muitos de nós crescemos em uma cultura baseada no medo, moldada por pais, educadores ou líderes que utilizavam punições ou intimidações para lidar com conflitos.

A proposta é **substituir o medo pelo acolhimento**. Em vez de usar frases que intimidam, como "Não me traga problemas, só soluções", prefira algo como **"Me fale sobre os teus desafios; estou aqui para te apoiar"**. Com essa abordagem, criamos um espaço de confiança e crescimento, em que as pessoas se sentem encorajadas a falar a verdade.

REFLEXÃO

- Como você poderia ajudar outras pessoas a se sentirem seguras e falarem sobre seus desafios e preocupações?

15

Regulação emocional: a chave para diálogos construtivos

“Nunca tome decisões permanentes com base em sentimentos temporários. Você sempre sai perdendo.”

– Autoria desconhecida

Conversas difíceis, por sua natureza, tendem a ser desconfortáveis e carregadas de emoções intensas. Contudo, é possível se expressar de forma honesta e habilidosa, evitando que o descontrole emocional agrave o conflito. Afinal, descontrolar-se é como jogar lenha na fogueira: só piora a situação.

O psicólogo norte-americano Daniel Goleman, ao definir inteligência emocional, destacou que ela é a capacidade de gerenciar os próprios sentimentos para que sejam expressos de maneira apropriada e eficaz. Talvez você se lembre de momentos em que não conseguiu expressar suas emoções de forma ideal – e está tudo bem. Isso é mais comum do que parece, e você não está só.

A boa notícia: regulação emocional pode ser aprendida

Regulação emocional **não significa eliminar ou controlar as emoções, mas moderar a maneira como elas são vivenciadas**. É a habilidade de ajustar a intensidade e a duração de uma emoção sem tentar suprimi-la. Em outras palavras, a ideia por trás da regulação emocional não é suprimir ou negar as emoções, mas gerenciá-las conscientemente, pois elas moldam nossas palavras e ações. Essa prática permite tomar decisões mais conscientes e **evitar ações impulsivas** das quais você pode se arrepender mais tarde.

Ao desenvolver essa habilidade, você ganha a capacidade de:

- ✓ gerenciar relacionamentos com mais equilíbrio;
- ✓ resolver problemas com clareza;
- ✓ melhorar o bem-estar e a saúde mental;
- ✓ aumentar a resiliência para enfrentar o estresse.

Por outro lado, evitar ou reprimir emoções pode gerar sentimento de impotência, pensamentos negativos, ressentimento e até ansiedade e depressão.

REFLEXÃO

Como as suas reações emocionais influenciam a dinâmica dos seus relacionamentos?

16

Faça pausas estratégicas para gerenciar suas emoções

"As emoções não expressas nunca morrem. Elas são enterradas vivas e saem de piores formas mais tarde."

– Freud

Enfrentar conversas difíceis pode ser intimidante, especialmente pelo medo de perder o controle emocional. Esse receio, porém, pode ser administrado quando você reconhece seus limites e faz pausas estratégicas sempre que necessário. Respeitar seus próprios limites não apenas protege seu bem-estar como também evita que a situação se agrave sem necessidade.

Depois de uma explosão emocional, é comum experimentar uma série de sentimentos, que variam de acordo com o contexto, a intensidade da reação e a personalidade de cada um. Sentimentos como exaustão, culpa, arrependimento, vergonha e tristeza ou um vazio emocional são frequentes. Para algumas pessoas, há um alívio momentâneo, especialmente se sentimentos como raiva, tristeza ou frustração estavam sendo reprimidos.

Mas essas explosões emocionais podem ser transformadas em oportunidades de crescimento. Elas frequentemente são sinais de que algo não está indo bem em sua vida e merece atenção. Esse "alerta" pode ser a motivação para buscar mudanças, seja por meio de reflexão pessoal, terapia ou até adoção de novas estratégias para lidar com desafios.

Sinais físicos, como aceleração dos batimentos cardíacos, respiração rápida, tensão nas mãos, na mandíbula ou no estômago, suor excessivo ou sensações de calor ou frio, podem indicar que você está a ponto de explodir. Reconhecer esses sinais é fundamental para agir antes que a situação fuja do controle.

Se perceber que uma explosão emocional está iminente, interrompa a conversa de forma respeitosa. Aqui estão algumas sugestões do que você pode dizer:

- ✓ "Essa conversa é importante para mim, mas não tenho certeza de que qualquer coisa que eu diga agora será útil. Prefiro fazer uma pausa."

- ✓ "Não quero falar de forma desrespeitosa com você, então acho que precisamos de um tempo para processar."
- ✓ "Nossa conversa deixou de ser construtiva. Vamos pausá-la e retomar esse assunto em outro momento."
- ✓ "Eu não tenho condições de continuar essa conversa agora."

Após isso, defina um momento para retomar a conversa e demonstre disposição para resolver o assunto com mais calma. Por exemplo: "Podemos continuar essa conversa em outro momento? Amanhã às 15 horas funciona para você?".

REFLEXÃO

- Em que situações do seu dia a dia você acha que uma pausa estratégica seria útil?

II

17

Pratique o autocontrole emocional: respiração 3 por 5 com efeito calmante

"Respire para fazer uma pausa. Para se conectar com a quietude e o silêncio internos. Para se conectar ao seu coração. Para encontrar o próximo momento. Para encontrar sua força interior. Para abraçar seus medos. Para lembrar que somos um só."

– Lindsay Gibson

As nossas emoções têm impacto direto na nossa respiração. Quando estamos com raiva ou ansiosos, os batimentos cardíacos tendem a ficar mais acelerados. Você pode utilizar uma técnica de respiração para ajudar na regulação emocional durante momentos de tensão.

A respiração 3 por 5 é uma técnica simples e eficaz de respiração consciente que promove relaxamento e ajuda a reduzir o estresse e a ansiedade. Essa técnica envolve **inspirar lentamente por 3 segundos e expirar por 5 segundos, repetindo esse padrão por alguns minutos**. A ênfase em uma expiração mais longa ativa o sistema nervoso parassimpático, responsável pelo estado de calma e recuperação do corpo.

Como praticar a respiração 3 por 5?

1. **Encontre uma posição confortável.** Sente-se ou deite-se em um lugar tranquilo, com os ombros relaxados.
2. **Concentre-se na respiração.** Inspire profundamente pelo nariz enquanto conta mentalmente até 3. Deixe o ar encher os pulmões e o abdome se expandir.
3. **Expire lentamente.** Expire pelo nariz ou pela boca enquanto conta mentalmente até 5. Certifique-se de liberar todo o ar, permitindo que o corpo relaxe.
4. **Repita o ciclo.** Continue o padrão de 3 segundos de inspiração e 5 segundos de expiração por 3 a 5 minutos.

Por que funciona?

- ✓ **Expiração prolongada.** Ao enfatizar uma expiração mais longa, você ativa o nervo vago, que ajuda a desacelerar o ritmo cardíaco e leva a um estado de relaxamento.
- ✓ **Ritmo controlado.** O foco na contagem interrompe pensamentos acelerados e ajuda a mente a se concentrar no momento presente.
- ✓ **Simplicidade.** A técnica é fácil de lembrar e pode ser usada em qualquer lugar, sem necessidade de preparo especial.

REFLEXÃO

Quais situações específicas aumentam a sua tensão emocional e podem ser aliviadas com a respiração consciente 3 por 5?

RESPIRE.
PARA PAUSAR.
PARA CRIAR ESPAÇO.
PARA ORGANIZAR SEUS PENSAMENTOS.
PARA SE LEMBRAR.
PARA ENFRENTAR O PRÓXIMO MOMENTO.
PARA ESCOLHER.

18

Dê nome às emoções: a ciência por trás da regulação emocional

“Seus sentimentos são válidos. Você tem todo o direito de sentir qualquer emoção que desejar. Você não está sendo dramático. Você não está exagerando. Você está sentindo. E está tudo bem.”

– Autoria desconhecida

A expressão "*Name it to tame it*" ("Dê um nome para domar"), criada pelo psiquiatra norte-americano Daniel Siegel, destaca um princípio simples e poderoso: nomear as emoções que sentimos pode nos ajudar a regulá-las. Essa abordagem, baseada em estudos de neurociência e psicologia, demonstra que **identificar e rotular emoções diminui sua intensidade**, promovendo maior clareza e controle emocional.

Quando enfrentamos emoções intensas, como raiva, tristeza ou ansiedade, a amígdala – a parte do cérebro que lida com respostas emocionais e reações de sobrevivência – entra em alta atividade. Isso nos coloca em um estado de impulsividade emocional em que é difícil pensar de forma clara.

Ao nomear a emoção, ativamos o córtex pré-frontal, região do cérebro responsável pelo raciocínio, pela tomada de decisões e pelo autocontrole. Esse processo desacelera a atividade da amígdala, permitindo que o cérebro alcance um estado mais calmo e racional. Assim, o simples ato de reconhecer e dar um nome à emoção nos ajuda a enfrentá-la de maneira mais equilibrada.

Como colocar em prática?

1. **Identifique a emoção.** Reconheça o que você está sentindo. Diga a si mesmo algo como: "Estou com raiva".
2. **Valide a emoção.** Aceite que sentir emoções é normal e que elas não definem quem você é. Lembre-se de que é humano sentir raiva, tristeza ou preocupação.

Você pode praticar esse conceito com uma criança, por exemplo. Imagine que ela esteja chorando porque perdeu um brinquedo. Em vez de ignorar ou minimizar o sentimento, você pode dizer "Você está triste porque perdeu o seu brinquedo, certo?".

Ao ter a emoção nomeada ("triste"), a criança se sente compreendida, e o cérebro dela começa a regular a emoção, reduzindo a intensidade do sofrimento. Esse simples gesto ensina a criança a reconhecer seus próprios sentimentos e a lidar com eles.

REFLEXÃO

Quais situações específicas no seu dia a dia são boas oportunidades para praticar a nomeação das emoções?

ESTÁ OK NÃO SE SENTIR OK

19

A base do equilíbrio emocional: autocuidado essencial

"Quando sentir que não tem tempo para relaxar, saiba que esse é o momento em que mais precisa arranjar tempo para relaxar."

– Matt Haig

Você já percebeu como suas emoções ficam à flor da pele quando não dorme o suficiente ou negligencia o cuidado básico do corpo? De fato, quando necessidades fisiológicas essenciais como **sono**, **alimentação**, **hidratação** e **descanso** não são atendidas, nossa capacidade de regular as emoções é diretamente impactada. Essas necessidades são a base que sustenta as funções vitais do corpo e do cérebro, incluindo a habilidade de lidar com desafios emocionais.

Quando essas necessidades são ignoradas, o corpo entra em "modo de sobrevivência", acionando respostas ao estresse, como o aumento dos níveis de cortisol. Esse hormônio, em excesso, amplifica reações emocionais e torna mais difícil processar e regular sentimentos. O resultado? Maior reatividade emocional, dificuldade em lidar com o estresse e menor resiliência no dia a dia. Investir no autocuidado é essencial para preservar o equilíbrio emocional e a saúde mental.

Como as necessidades fisiológicas impactam a regulação emocional

- ✓ **Privação de sono.** Dormir pouco ou mal afeta a comunicação entre a amígdala (que processa emoções) e o córtex pré-frontal (responsável por decisões racionais, controle de impulsos e autocontrole). Isso resulta em maior reatividade emocional e dificuldade para gerenciar emoções intensas. Indivíduos privados de sono frequentemente sentem irritabilidade, ansiedade e tristeza desproporcionais.
- ✓ **Fome ou baixos níveis de glicose.** A glicose é essencial para o funcionamento cerebral. Quando seus níveis estão baixos, pensar com clareza ou controlar emoções se torna mais difícil. Esse desequilí-

brio pode levar a irritabilidade e maior impulsividade emocional. Estudos confirmam que pessoas famintas apresentam mais impulsividade emocional.

- ✓ **Desidratação.** Mesmo uma leve desidratação prejudica a função cognitiva, aumentando o estresse e a ansiedade. Isso pode causar fadiga e irritabilidade, dificultando a autorregulação emocional.
- ✓ **Exaustão física.** Quando o corpo é exigido demais, ocorre uma perda significativa de regulação das emoções. A exaustão aumenta a reatividade emocional e diminui o controle sobre as respostas, tornando mais difícil lidar com situações emocionalmente desafiadoras.

REFLEXÃO

Você tem investido no seu autocuidado?

- Priorize 7-9 horas de sono por noite para permitir que o cérebro recupere sua capacidade de regular emoções
- Consuma refeições regulares e equilibradas para manter os níveis de energia e glicose estáveis
- Beba água ao longo do dia para manter o funcionamento ideal do corpo e do cérebro
- Ouça seu corpo e respeite os sinais de exaustão física ou mental

20

O impacto do *estresse* na comunicação

“Concentre-se no degrau à sua frente, não em toda a escada.”

– Autoria desconhecida

O estresse tem um efeito profundo na comunicação, influenciando tanto a forma como nos expressamos quanto nossa capacidade de compreender os outros. Sob condições de estresse elevado, nossas funções cognitivas e emocionais são prejudicadas, o que pode dificultar a transmissão de ideias, a interpretação de mensagens e a resolução de conflitos.

Os efeitos do estresse quando você se comunica

1. **Cognitivo.** O estresse sobrecarrega a mente, reduzindo a capacidade de se concentrar em detalhes importantes. A habilidade de raciocinar e tomar decisões é comprometida, resultando em respostas impulsivas e precipitadas.
2. **Emocional.** Sob pressão, as respostas emocionais se tornam mais intensas, aumentando a reatividade. A empatia, essencial para interações construtivas, é reduzida, dificultando conexões interpessoais.
3. **Físico.** Tensão muscular e respiração acelerada são respostas comuns ao estresse, que podem afetar o tom de voz e a clareza da fala.

Estratégias para conversas difíceis

Conversas difíceis são frequentemente carregadas de emoções e podem desencadear um estresse temporário. Esse estado reduz a capacidade de processar e reter informações, mas você pode usar esse conhecimento a seu favor.

- ✓ **Aborde um assunto por vez.** Seja breve e use de objetividade. Escolha um único tema para tratar e concentre-se nele. Evite a tentação de discutir vários assuntos ao mesmo tempo. Isso sobrecarrega a outra pessoa, aumenta a confusão e reduz a eficácia da conversa.
- ✓ **Mantenha o foco no presente.** Concentre-se no que aconteceu, no que você sente e no que pode ser feito para resolver o problema. Evite trazer questões do passado para a conversa atual. Resgatar conflitos antigos desvia o foco e dificulta a resolução da situação imediata. Resista. Você consegue.
- ✓ **Comunique-se com clareza e especifique seu ponto.** Falar de forma clara é essencial em conversas difíceis. Use frases simples e diretas para garantir que sua mensagem seja entendida.

REFLEXÃO

Você se concentra no assunto imediato ou se perde em vários assuntos?

um
ASSUNTO
POR
VEZ

21

A essência da empatia: escutar para entender

"O maior problema de comunicação é que não ouvimos para entender. Ouvimos para responder."

– Stephen Covey

A empatia é a habilidade de compreender os sentimentos e as perspectivas de outra pessoa sem a julgar. Isso não significa que você precise concordar com ela, mas buscar entender seu ponto de vista. Isso facilita a comunicação, promove a compreensão mútua e tende a diminuir a tensão em situações de conflito.

Para exercer empatia, é essencial **prestar atenção genuína na outra pessoa**. E tudo começa com uma escuta atenta. Pense em um momento em que você estava falando com alguém e percebeu que essa pessoa não estava realmente ouvindo. Como você se sentiu? Provavelmente desconfortável ou até mesmo ignorado. Afinal, ninguém gosta de se sentir desvalorizado.

Quando enfrentamos uma conversa difícil, é natural sentir uma dose de ansiedade, especialmente porque queremos que a outra pessoa realmente nos escute. E isso é absolutamente normal. No entanto, há um princípio básico de comunicação que pode transformar essas interações:

Se você deseja ser escutado, escute primeiro.

Se a outra pessoa perceber que você não está prestando atenção nela, ela também deixará de prestar atenção em você.

Para ouvir com atenção plena, siga estas orientações:

1. **Elimine as distrações.** Concentre-se exclusivamente na conversa. Afaste dispositivos eletrônicos e outras interferências.
2. **Evite planejar sua resposta.** Ouça para entender, não para reagir. Esteja presente no momento, sem preparar mentalmente o que dizer em seguida.
3. **Escute sem julgar a outra pessoa.**

4. **Intervenha com respeito.** Se perceber que se distraiu ou precisa de mais clareza, interrompa com habilidade e cuidado. Algumas frases que você pode usar:

- ✓ "Tem muitas coisas passando pela minha cabeça. Podemos fazer uma pausa e retomar isso mais tarde?"
- ✓ "Eu me perdi. Você pode, por favor, repetir a partir da palavra 'x'?"
- ✓ "Posso interromper por um momento para garantir que estou entendendo corretamente?"
- ✓ "É muita informação para processar. Podemos fazer um breve intervalo para que eu organize minhas ideias?"

REFLEXÃO

Com quem você pode praticar a escuta atenta?

22

A narrativa: como construímos nossa realidade

"Sofremos mais em nossa imaginação do que na realidade."

– Sêneca

A narrativa mental é a história que construímos em nossa mente para dar sentido ao que acontece ao nosso redor e dentro de nós. Essas narrativas influenciam diretamente o modo como percebemos a realidade, tomamos decisões e reagimos às situações. Sempre que observamos ou vivenciamos algo, nossa mente rapidamente formula explicações para organizar os eventos e encontrar significado.

Essa construção interna pode tanto amplificar emoções positivas quanto intensificar as negativas. Além disso, nosso estado emocional e nosso humor no momento afetam significativamente o modo como interpretamos o mundo. Por exemplo, quando estamos felizes, tendemos a enxergar as situações sob uma perspectiva mais favorável; por outro lado, quando estamos ansiosos, o mesmo evento pode parecer ameaçador ou hostil.

- ✓ **Pensamentos muitas vezes surgem automaticamente.**
- ✓ **A nossa mente produz histórias e nem sempre elas são verdadeiras.**
- ✓ **Não acredite em tudo o que você pensa.**

Durante uma conversa difícil, é inevitável que você precise compartilhar seu ponto de vista. No entanto, para evitar que a outra pessoa se sinta atacada, descreva os fatos de forma objetiva, evitando interpretações.

Uma ferramenta eficaz para isso é o ***reality check*** (ou "checagem da realidade"). Essa técnica ajuda a verificar se sua percepção de uma situação corresponde aos fatos objetivos, evitando conclusões precipitadas baseadas em emoções. Para isso, você pode perguntar a si mesmo (e, se for o caso, confira os fatos com a outra pessoa envolvida também):

- ✓ "Quais são os fatos objetivos desta situação?"
- ✓ "Minhas suposições têm base na realidade?"
- ✓ "Estou interpretando isso com base em emoções ou em dados concretos?"

Exemplo

- ✓ Situação: você enviou uma mensagem para um colega, e ele ainda não respondeu. Primeira reação: "Ele está me ignorando de propósito! Ele não se importa comigo". (interpretação)
- ✓ Aplicando o *reality check*: "Quais são os fatos aqui?". Você enviou uma mensagem para um colega e ele ainda não respondeu. (fato)

Você vai obter mais informações sobre o que aconteceu se conversar com ele. Talvez ele ainda não tenha respondido porque poderia estar ocupado ou simplesmente não viu a mensagem.

REFLEXÃO

Você costuma separar os fatos de interpretações?

NÓS SÓ CONHECEMOS A NOSSA PERSPECTIVA DA HISTÓRIA.

Você está em uma janela observando a cena abaixo. O que você vê no fundo dela?

Agora imagine o ciclista lá do outro lado, virado para a sua direção. O que ele responderia se fizessem a ele a mesma pergunta que fiz a você?

ANTES DE CHEGAR A CONCLUSÕES, PERGUNTE PARA A OUTRA PESSOA QUAL É A PERSPECTIVA DELA.

23

Como conduzir conversas difíceis no momento certo

"Não espere até que as condições sejam perfeitas para começar. Começar torna as condições perfeitas."

– Alan Cohen

Abordar conversas difíceis o mais próximo possível do evento em questão é fundamental para que elas sejam produtivas e construtivas. Esse *timing* ideal traz vários benefícios.

- ✓ **Precisão dos fatos.** Ao tratar o assunto enquanto ele está fresco na memória dos envolvidos, você garante que os detalhes sejam mais precisos, reduzindo os riscos de distorção ou esquecimento.
- ✓ **Redução da ansiedade.** Adiar uma conversa difícil pode aumentar o estresse e a tensão para ambas as partes.
- ✓ **Prevenção de escalada.** Enfrentar o problema desde o início impede que ele cause impactos maiores no longo prazo.
- ✓ **Possibilidade de ajustes imediatos.** Discutir o problema prontamente permite que mudanças sejam implementadas antes que o dano aumente.

Uma dúvida frequente que me apresentam em meus treinamentos é: **"Como começar uma conversa difícil?"**. A resposta está em encontrar uma abordagem que seja respeitosa, aberta e colaborativa. Para isso:

- × **Evite intimidar.** Use gestos e tom de voz calmos, que convidem ao diálogo, em vez de impor resistência ou confronto.
- × **Não procrastine.** Não espere tempo demais ou pense excessivamente no que dizer, pois isso pode fazer com que desista.

Frases que podem te ajudar a começar

- ✓ "Tenho algo que gostaria de discutir com você. Acredito que isso possa nos ajudar a trabalhar melhor juntos."
- ✓ "Acho que temos percepções diferentes sobre esse assunto. Gostaria de ouvir sua opinião a respeito."
- ✓ "Percebi que estamos enfrentando um desafio recorrente. Que tal pensarmos juntos em alternativas para resolvê-lo?"
- ✓ "Quero compartilhar algumas coisas que observei recentemente e ouvir seu ponto de vista sobre elas."
- ✓ "Preciso da sua ajuda com algo. Podemos conversar sobre isso em breve?" (Se a pessoa disser "Claro, me avise quando puder," não deixe de fazer o acompanhamento e definir uma data específica para o diálogo.)
- ✓ "Você poderia reservar um tempo para conversarmos sobre...?"
- ✓ "Poderíamos analisar juntos como encontrar uma solução para ...?"
- ✓ "Podemos conversar para ver se conseguimos chegar a uma solução que funcione para nós dois?"

REFLEXÃO

Você já avaliou o que pode acontecer se adiar uma conversa difícil que tem se mostrado necessária?

24

Fale menos, impacte mais

"O mais valioso de todos os talentos é aquele de nunca usar duas palavras quando uma basta."

– Thomas Jefferson

Durante conversas difíceis ou situações de alto estresse, a capacidade de uma pessoa de processar palavras e informações é consideravelmente reduzida. Nessas circunstâncias, comunicar-se de forma clara e eficaz é essencial para evitar mal-entendidos e promover um diálogo construtivo.

A arte de uma boa comunicação está na **simplicidade** e na **concisão**. Em momentos de tensão, o mais importante é expor seu ponto de vista e sua percepção de forma objetiva, dando à outra pessoa espaço para reagir e compartilhar sua perspectiva. Isso cria um ambiente de troca, em vez de confronto.

Estratégias para comunicar-se em situações de estresse

1. **Seja breve e use de objetividade.** Limite suas frases a **10-20 palavras**. Apresente **uma ideia por vez**, evitando sobrecarregar a outra pessoa.
2. **Use linguagem simples.** Opte por palavras claras e diretas, que sejam fáceis de compreender.
3. **Inclua pausas.** Dê tempo para a outra pessoa processar o que foi dito antes de seguir adiante.

E como conferir que minhas palavras foram compreendidas?

Mesmo seguindo essas estratégias, é possível que a outra pessoa fique impactada pelo conteúdo da conversa. Para garantir que ela está acompanhando e entendendo o que você disse, **faça perguntas que incentivem o diálogo e esclareçam dúvidas**. Por exemplo:

- ✓ "Antes de continuar, quero garantir que estamos alinhados. Você gostaria de fazer alguma pergunta?"
- ✓ "Quero abordar tudo com calma. Há algo que você gostaria de esclarecer ou comentar?"
- ✓ "Será que fui rápido demais? Há algo que você não entendeu ou gostaria que eu explicasse melhor?"

REFLEXÃO

Você fala de forma breve e simples em conversas difíceis?

25

De automático a intencional: como perguntar a perspectiva da outra pessoa

"O ingrediente mais poderoso e transformador do diálogo é a intenção de compreender."

– Oren Jay Sofer

A forma como nos comunicamos resulta de hábitos adquiridos ao longo da vida, moldados pela repetição e por práticas e influências, como ambiente familiar, normas culturais e experiências pessoais.

Frequentemente, nos comunicamos de forma automática, sem considerar o impacto de nossas palavras e ações. Em conversas difíceis, isso pode dificultar o entendimento e a colaboração. Para transformar interações, é essencial priorizar a compreensão mútua e adotar uma comunicação construtiva, evitando críticas e culpas que comprometem as relações.

Com consciência e prática, padrões de comunicação podem mudar. Depois de expor seu ponto de vista de maneira respeitosa, quando for adequado, abra espaço para conhecer a perspectiva da outra pessoa.

Ao buscar entender o ponto de vista de alguém, **evite perguntas iniciadas com "Por quê?"**, especialmente em situações tensas. Essas perguntas podem colocar a outra pessoa na defensiva, levando-a a justificar suas ações em vez de compartilhar pensamentos genuínos. Em vez disso, **prefira perguntas que demonstrem curiosidade e abertura**, como:

- ✓ "Como você vê essa situação?"
- ✓ "O que você acha que está acontecendo aqui?"
- ✓ "Qual é a sua perspectiva sobre isso?"
- ✓ "Eu gostaria de ouvir como você enxerga isso."
- ✓ "Me ajuda a entender o que você está sentindo ou pensando."
- ✓ "Sua opinião é muito importante para mim, então quero ouvir o que você pensa."
- ✓ "Eu sinto que não consigo ter uma visão completa sem entender o que você sente sobre isso."
- ✓ "Estou curioso para saber mais sobre como você chegou a essa conclusão."
- ✓ "Pode me explicar melhor o que você quer dizer com isso?"

- ✓ "Posso não estar vendo tudo claramente, então gostaria de entender melhor o que você pensa."
- ✓ "Talvez eu tenha interpretado algo de forma errada. Você pode me contar sua visão?"

REFLEXÃO

Como você pode criar um espaço mais seguro para ouvir a perspectiva do outro?

26

O desafio de pedir: como superar bloqueios

"O oposto da depressão é a expressão. O que sai de você não o deixa doente; o que fica lá dentro, sim."

– Edith Eger

Eu sei que haverá momentos em que você não terá clareza sobre o que você quer pedir. Está tudo certo. Eu lhe dou as boas-vindas ao universo das conversas difíceis. Você não está só.

Fazer pedidos claros pode parecer simples, mas muitos fatores internos e externos nos impedem de agir com clareza. Esses obstáculos geralmente estão relacionados a emoções, crenças, padrões de comunicação aprendidos e o contexto das relações. Reflita alguns instantes sobre o que te impede de fazer pedidos claros. Aqui estão algumas possibilidades.

- ✓ **Medo de rejeição ou conflito.** Muitas vezes, evitamos fazer pedidos por medo de ouvir um "não" ou de causar desconforto na relação. Há uma preocupação de que o pedido seja mal interpretado ou que a outra pessoa se sinta pressionada.
- ✓ **Falta de clareza sobre nossas necessidades.** É difícil comunicar claramente algo que nem nós mesmos compreendemos totalmente.
- ✓ **Vergonha ou orgulho.** O orgulho ou a crença de que "deveríamos resolver tudo sozinhos" podem nos impedir de pedir.
- ✓ **Padrões de comunicação aprendidos.** Muitos cresceram em ambientes em que os pedidos não eram claros, mas implícitos ou carregados de culpa, críticas ou indiretas. Isso pode dificultar ter clareza nos pedidos.
- ✓ **Crenças limitantes.** Algumas crenças nos levam a evitar pedidos claros, como "Pedir é inconveniente" ou "Eu não mereço que meus pedidos sejam atendidos".

Escrevi este capítulo para lhe dar uma ótima notícia. A habilidade de fazer pedidos claros e com empatia não é inata; ela precisa ser aprendida e praticada. Sem treinamento ou experiência, podemos nos perder em discursos vagos ou indiretos. Com treinamento, você pode superar os bloqueios e transformar pedidos em um meio poderoso de fortalecer relações e atender às suas necessidades.

REFLEXÃO

- Como o receio de causar desconforto impacta a forma como você se comunica?

27

O poder de pedir: como fazer pedidos eficazes

"Não faça suposições. Encontre coragem para fazer perguntas e expressar o que você realmente deseja. Comunique-se com os outros da forma mais clara possível para evitar mal-entendidos, tristeza e drama. Com apenas esse acordo, você pode transformar completamente sua vida."

– Don Miguel Ruiz

Fazer um pedido é um ato de proatividade que tem o potencial de transformar relações e criar mudanças positivas. Quando sabemos exatamente o que queremos e entendemos o motivo por trás disso, abrimos espaço para sermos mais criativos na busca de soluções.

Na **comunicação não violenta** (CNV), pedir de forma eficaz é essencial para promover compreensão mútua e colaboração. Um pedido bem-feito é claro, respeitoso e conectado às nossas necessidades, enquanto respeita as possibilidades e escolhas da outra pessoa. Pratique esses conceitos para melhorar suas interações. Os **principais elementos e estratégias** para fazer pedidos eficazes na CNV são:

1. **Clareza.** Seja específico e concreto. Um pedido claro evita mal-entendidos e aumenta as chances de ser atendido.
   - × **Evite:** "Seja mais presente".
   - ✓ **Prefira:** "Você pode me ajudar com o jantar hoje às 19h?".
2. **Viabilidade.** Garanta que seja possível. Peça algo que esteja dentro das capacidades da outra pessoa. Antes de formular o pedido, pergunte-se: "Isso é algo que essa pessoa realmente pode fazer?".
3. **Foco em ações positivas.** Diga o que você quer, e não o que quer evitar. Concentre-se no comportamento desejado, em vez de criticar ou apontar o que não está funcionando.
   - × **Evite:** "Pare de me ignorar".
   - ✓ **Prefira:** "Você pode me contar o que pensa sobre o que acabei de dizer?".
4. **Conexão com as necessidades.** Expresse o porquê do pedido quando for adequado. Pedidos eficazes estão alinhados às necessidades, tornando o contexto mais claro para as outras pessoas. Por exemplo, "Eu preciso de mais apoio em casa. Você pode cuidar das crianças enquanto eu trabalho amanhã à tarde?".

5. **Liberdade de escolha.** Proponha, não exija. Pedidos, e não exigências, incentivam colaboração. Dê à outra pessoa a liberdade de escolha, evitando imposições. Use expressões que convidam ao diálogo:

- ✓ "Você estaria disposto a...?"
- ✓ "Você está de acordo em ajudar dessa forma?"
- ✓ "Você concordaria com... ?"
- ✓ "Você pode fazer...?"
- ✓ "Tudo bem se você fizer...?"

REFLEXÃO

Você tem clareza sobre o que você quer? Use a página ao lado para rabiscar algumas ideias e pensar sobre elas.

28

E agora? Como agir quando não sabemos o que pedir

"Riscos devem ser assumidos porque o maior perigo na vida é não arriscar nada."

– Leo Buscaglia

É perfeitamente normal sentir-se perdido sobre o que pedir, especialmente quando somos pegos de surpresa. Talvez alguém tenha compartilhado algo inesperado com você, deixando-o sem uma resposta imediata. E tudo bem. Nessas situações, investir na colaboração e na **busca conjunta por soluções** é a melhor abordagem. Estas são algumas formas práticas de fazer um pedido colaborativo:

- ✓ "Podemos encontrar uma solução juntos?"
- ✓ "Nós podemos pensar em possíveis soluções?"
- ✓ "O que você acha se fizermos X, Y e Z?"
- ✓ "Isso funciona para você?"
- ✓ "Com quem podemos entrar em contato para nos ajudar a resolver essa questão?"

Um pedido colaborativo abre espaço para diálogo, liberdade de escolha e soluções conjuntas. Ele **não é uma exigência, mas um convite à cooperação**. É fundamental que a outra pessoa sinta que pode aceitar, recusar ou até mesmo propor alternativas, sem pressão.

Ofereça liberdade de escolha

Já mencionei isso e vou reforçar o conceito. Permita que a outra pessoa tenha autonomia para decidir como contribuir, evitando que ela se sinta "obrigada". Por exemplo, "Você estaria disposto a revisar o relatório antes de enviarmos amanhã? Se não for possível, **nós** podemos encontrar outra solução juntos?".

Exigir algo pode prejudicar a motivação, a boa vontade e a autonomia da outra pessoa, já que ela pode se sentir pressionada ou manipulada. Sempre que possível, dê espaço para escolhas. Como reflete Anne von Stappen, "Por outro lado, se decidimos não dar nenhum espaço de expressão ou escolha ao outro, é melhor dizê-lo claramente, em vez de disfarçar a exigência como um falso pedido". Por exemplo, imagine dizer aos seus filhos: "Eu só vou ligar o carro depois que vocês colocarem o cinto de segurança". Aqui não há negociação, e isso é perfeitamente válido. A diferença é que a ausência de escolha é apresentada de forma honesta.

Tenha abertura para negociar

Ouça a resposta da outra pessoa com empatia e **ajuste o pedido**, se necessário. Exemplo: "Se isso não funcionar para você, o que podemos fazer para resolver essa questão juntos?".

REFLEXÃO

- **Você já fez "falsos pedidos" (exigências disfarçadas)? Que impacto isso teve na relação?**

29

Antes de perder a cabeça

“Ousar estabelecer limites é ter a coragem de amar a nós mesmos, mesmo quando corremos o risco de decepcionar os outros.”

– Brené Brown

Conversas difíceis e situações tensas fazem parte da vida – e a habilidade de se comunicar bem **não vem de evitar esses momentos**, mas de **saber como atravessá-los** com mais presença e consciência.

Quando surge um conflito, quando as emoções ficam intensas ou quando você sente uma ameaça, o **modo estresse** do seu corpo entra em ação. E ele não pede licença: a pulsação acelera, a respiração encurta, o maxilar trava, as mãos suam, o estômago embrulha... Ou, de repente, você sente frio ou calor sem saber de onde veio.

A boa notícia é que você pode aprender a **reconhecer esses sinais** e se manter no eixo antes de explodir, congelar ou fugir. E isso não significa "controlar tudo", mas **trazer atenção para o presente** e usar seu corpo como um recurso de ancoragem.

Como se manter centrado em meio ao caos

- ✓ Peça uma **pausa consciente** para se reorganizar internamente.
- ✓ Volte a atenção para algo simples: **o contato dos seus pés com o chão**, as suas mãos ou a sua respiração.
- ✓ **Ouça os sons** ao seu redor – isso ajuda a quebrar o ciclo mental.
- ✓ **Relaxe, aos poucos**, as partes do corpo em que sente mais tensão.
- ✓ Observe: **sua expiração está mais longa que a inspiração?** Se sim, ótimo. Isso ajuda a acalmar.

Às vezes, mesmo com as melhores intenções, a gente se desregula. Mas, ainda assim é possível perceber quando você está prestes a perder a cabeça. É preciso dar um passo para trás antes de passar dos limites.

Nesses momentos, você pode afirmar sua intenção de resolver a situação e pedir espaço, com respeito e clareza:

- ✓ "Eu quero escutar o que você tem a dizer, e..."
- ✓ "Eu realmente quero resolver isso, e..."
- ✓ "Eu quero continuar essa conversa com mais calma, então..."
- ✓ "... preciso de uma pausa. Tudo bem se continuarmos essa conversa amanhã?"
- ✓ "... acho que perdemos o foco. Podemos dar uma pausa?"
- ✓ "... daqui para a frente não quero perder o respeito. Que tal retomarmos em outro momento?"
- ✓ "... cheguei no meu limite. Prefiro continuar essa conversa mais adiante, pode ser?"

REFLEXÃO

Pedir uma pausa não é desistir. É escolher continuar de forma mais saudável. Você sabe respeitar os seus limites?

30

Perdi a cabeça, e agora?

“Não é possível voltar atrás e recomeçar. Mas é possível começar agora e ter um novo final.”

– James R. Sherman

Se você perdeu a cabeça, tudo bem. Respire. Ainda dá para cuidar da relação. O mais importante agora não é se afundar na culpa, e sim escolher como seguir daqui para a frente com a outra pessoa.

Sim, talvez você tenha dito ou feito algo que não gostaria. Isso acontece. Somos humanos, e em momentos de estresse ou emoção intensa todo mundo pode se exceder. Mas o que você faz depois disso é o que realmente conta. **Culpa paralisa. Responsabilidade transforma.**

Então, em vez de se punir, direcione sua energia para reiniciar o diálogo com mais calma, presença e equilíbrio. Você pode recomeçar.

Reconhecer o próprio excesso é saudável. É assim que se restaura a confiança, que se abre espaço para o diálogo, que se mostra maturidade emocional. É nisso que nascem conversas mais saudáveis, verdadeiras e respeitosas.

Recomeçar depois de perder a cabeça exige coragem, humildade e intenção. E a forma como você se coloca pode abrir uma nova porta para a reconexão.

Algumas ideias para "resetar" o diálogo

- ✓ "Eu não lidei bem com a situação antes, e queria tentar de novo – com mais calma."
- ✓ "Se for possível, queria retomar aquela conversa. Acho que agora consigo me expressar melhor."
- ✓ "Eu estava emocionalmente sobrecarregado e falei coisas que não queria. Podemos conversar de novo?"
- ✓ "Sinto que não consegui escutar de verdade antes. Será que a gente pode tentar de novo?"
- ✓ "Aquela conversa foi difícil pra mim – talvez pra você também. Estou disposto a recomeçar de um jeito mais construtivo."
- ✓ "Eu estava muito nervoso e falei algumas coisas que poderia ter expressado de outra forma."
- ✓ "Eu perdi a cabeça. Sinto muito. Isso não justifica, mas eu reconheço. Quero fazer diferente agora."
- ✓ "Fui levado pela emoção e reagi mal. Isso não é o que eu quero para a gente. Podemos ter aquela conversa de novo?

E se a outra pessoa ainda não estiver pronta?

- ✓ "Se agora não for um bom momento, eu entendo. Só quero que saiba que estou aberto quando você estiver."
- ✓ "Quero retomar o que falamos, mas só se você também sentir que está pronto. Estou aqui."

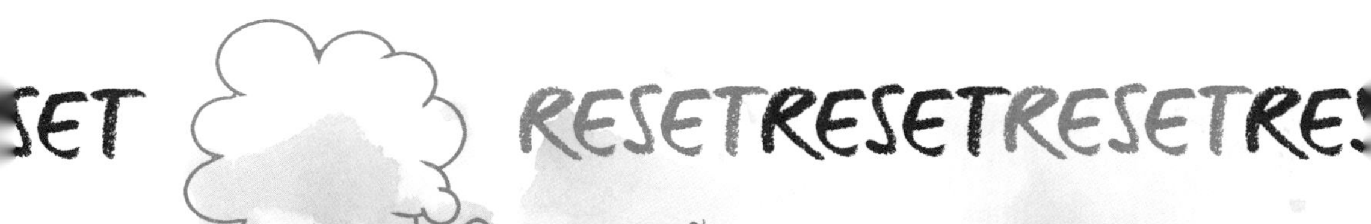

REFLEXÃO

Recomeçar não é voltar atrás, é escolher um novo caminho a partir do ponto em que se está. E isso já é, por si só, um ato de maturidade e cuidado com você e com o outro. Qual diálogo você quer "resetar"?

31

Como fazer para que pessoas e processos avancem

“Clareza é gentileza. Falta de clareza é crueldade.”

– Brené Brown

Segundo a pesquisadora Brené Brown, somos condicionados a evitar o desconforto. Fugimos de conversas difíceis, suavizamos verdades, deixamos de nomear o que precisa ser dito – tudo para não causar tensão. Mas aqui está a verdade que ela nos mostra com clareza: **sem desconforto, não há evolução**. Se queremos ver pessoas crescendo e processos funcionando de forma saudável, precisamos encarar de frente alguns elementos essenciais:

- ✓ *feedback* honesto e construtivo;
- ✓ confrontos respeitosos e com empatia;
- ✓ expectativas claras desde o início;
- ✓ coragem para dizer "Isso não está funcionando".

O que nos trava? Falta de clareza. Na prática, muita coisa emperra não por falta de competência, mas por medo de sermos claros. Seja por **medo de desagradar**, de parecermos duros ou de nos sentirmos vulneráveis. O resultado é que damos **feedbacks** vagos, contornamos problemas, mantemos pessoas mal posicionadas em funções, ou alimentamos processos ineficientes por receio de confronto. O resultado? Um ciclo que se repete e **só piora com o tempo**.

Conversas difíceis não são o problema – são o caminho. Aprender a conduzir conversas desafiadoras com respeito e empatia é um dos maiores diferenciais para construir a vida que você quer e para viver com integridade. Muitos processos travam simplesmente porque as pessoas não sabem exatamente o que se espera delas. Não há clareza, não há direção, e **onde não há direção não há avanço**. E isso vale tanto para a vida profissional quanto para a pessoal.

Para mudar completamente a forma como conduz relações e projetos, faça duas perguntas a você:

- ✓ Quando eu faço um pedido, a outra pessoa tem clareza do que quero?
- ✓ Se ela me entrega algo diferente daquilo que eu esperava, eu consigo dizer isso de forma construtiva?

Muita gente acredita que só conversar já basta. Mas, depois de uma conversa difícil, o ponto mais importante é estabelecer acordos específicos e objetivos. Compromissos vagos geram confusão e frustração. Para que algo avance de verdade, é preciso definir com precisão: quem vai fazer o quê, até quando e como.

Exemplo

- × **Evite:** "Vamos agilizar isso".
- ✓ **Prefira:** "Você pode revisar o relatório e me entregar hoje até as 16h?".

CLAREZA É UM ATO DE CUIDADO

REFLEXÃO

- Você expressa clareza quando faz um pedido para alguém?

32

O segredo do sucesso: o acompanhamento

"O sucesso é a soma de pequenos esforços repetidos dia após dia."

– Robert Collier

Cumprir um acordo – seja em contextos profissionais, pessoais ou relacionais – exige muito mais do que simplesmente dizer "sim". Requer clareza, comprometimento, comunicação e, sobretudo, acompanhamento.

Para que o compromisso ou o acordo seja realmente cumprido e não fique apenas na conversa, invista em acompanhar o que você solicitou. Eu sei que você já se comunicou com clareza, falou de forma específica, estabeleceu um compromisso com a outra pessoa, mas isso não significa necessariamente que ela vai fazer o que foi acordado.

No mundo ideal, você estabelece um acordo com uma pessoa, ela se compromete a cumprir o que foi combinado e faz exatamente o que combinou com você. No mundo real, as coisas nem sempre funcionam assim.

Reserve alguns instantes para pensar em algo que estava resolvido na sua mente e, quando você foi conferir o que de fato aconteceu, você se surpreendeu com o resultado.

As coisas nem sempre saem como planejado. E não há nada de errado com isso. O desafio é quando não há transparência no que está acontecendo de fato.

Situações que sabotam um acordo

1. **Falta de responsabilidade ou compromisso real.** Acordos que não envolvem **responsabilidade mútua** tendem a ser ignorados com mais facilidade:

   - ✓ ninguém acompanha;
   - ✓ ninguém cobra;
   - ✓ ninguém lembra.

Sem acompanhamento e apresentação de resultados, o compromisso esfria.

2. **Ausência de revisão e reajuste.** Às vezes, surgem obstáculos imprevistos. Mas, se não houver abertura para renegociar, a pessoa simplesmente deixa de cumprir – e a relação se desgasta. Flexibilidade não é falta de compromisso. **É inteligência na manutenção do acordo.**

REFLEXÃO

Você tem feito o acompanhamento dos seus acordos em tempo hábil para permitir ajustes? Ou tem esperado que tudo "se resolva sozinho"?

33

Comunicação sob pressão: dá para aprender – e vale muito a pena

"Reiniciar, reorientar o foco, reajustar, recomeçar, quantas vezes for necessário. Nunca desista."

– Autoria desconhecida

Falar com clareza e escutar com presença em momentos de pressão emocional não é dom, é habilidade. E, como toda habilidade, pode ser aprendida, desenvolvida, fortalecida.

Sim, exige treino. E, sim, às vezes exige paciência. Mas vale cada esforço, porque impacta diretamente sua saúde mental, seus relacionamentos e sua paz interior.

Ao longo deste livro, você encontrou ferramentas práticas para encarar conversas difíceis. Agora é hora de dar um passo além: praticar. E, mais do que aplicar técnicas, é sobre cultivar uma nova forma de se comunicar – com intenção, com empatia, com consciência.

A seguir, você encontra os **princípios essenciais da comunicação consciente.** Eles são como bússolas internas que ajudam a atravessar até os diálogos mais delicados, com respeito e verdade.

Presença total (estar aqui e agora)

Antes de responder, respire. Esteja presente. Perceba o que está vivo em você: emoções, sensações, pensamentos. Observe também o outro. Isso ajuda a sair do piloto automático e abrir espaço para respostas mais conscientes.

Escuta atenta (com o coração, não só com os ouvidos)

Escute o outro com atenção plena, sem pressa, sem interrupção, sem formular a resposta enquanto o outro ainda fala. Esteja realmente ali, com o outro. **Escuta é conexão.**

Intenção clara

Pergunte-se: "Por que estou falando isso? Qual é minha intenção?". Falar para conectar, compreender, colaborar ou cuidar é muito diferente de falar para vencer, provar ou reagir. A intenção é o que dá o tom da conversa – e da relação.

Fala autêntica e gentil

Diga o que é verdadeiro para você – sem ferir. A combinação de clareza e respeito transforma até temas delicados em pontes, não em muros. Troque julgamentos por curiosidade. Críticas por pedidos. Acusações por responsabilidade.

Consciência corporal e emocional

O corpo fala – muitas vezes, antes das palavras. Observe sua respiração, a tensão muscular, a postura, os batimentos. Essa autopercepção ajuda a manter o equilíbrio mesmo quando a conversa esquenta.

Pausas conscientes

Uma pausa, por menor que seja, pode evitar um comentário impulsivo. Ela cria espaço para a clareza surgir. Pausar é sabedoria em ação.

Compromisso com a não violência

Inspirado na comunicação não violenta (CNV), esse princípio é sobre olhar o outro como um ser humano – com necessidades, sentimentos, limites e dores, assim como você. **É uma escolha ativa por empatia e respeito, mesmo quando for difícil.** É dizer: "Eu escolho cuidar do que nos conecta, não do que nos separa".

REFLEXÃO

- **Fale com a intenção de se conectar. Escute com a disposição de compreender. Qual é a próxima oportunidade para praticar esse conceito?**

REINICIE
REORIENTE O FOCO
REAJUSTE
RECOMECE
NUNCA DESISTA

Fontes das citações

página 11
HAHN, Thich Nhat. A essência dos ensinamentos do Buda. Rio de Janeiro: Rocco, 2021.

Página 14 [cap. 1]
CHAMBERLAIN, Diane. Breaking the silence. Toronto: Mira Books, 2024. Tradução nossa.

Página 20 [cap. 2]
BROWN, Brené. A coragem de ser imperfeito. Rio de Janeiro: Sextante, 2016. p. 146.

Página 26 [cap. 3]
HAHN, Thich Nhat. Trabalho: a arte de viver e trabalhar em plena consciência. Tradução: Márcia Epstein Fiker. Petrópolis: Vozes, 2017. p. 68.

Página 32 [cap. 4]
Mainsons, Jason. Communications: An Easy How To Communicate Guide For Beginners. *E-book*, posição 72. Tradução nossa.

Página 38 [cap. 5]
O'BRIEN, Justin (org.). André Gide Journals 1889-1949. London: Penguin, 1967. Tradução nossa.

Página 42 [cap. 6]
MARTIN, George R. R. A Game of Thrones. New York: Bantam Spectra, 1996. Tradução nossa.

Página 48 [cap. 7]
MONDADORI, Caetano (org.). O grande livro das citações. *E-book*, p. 154.

Página 54 [cap. 8]
DAUM, Kevin. 30 citações de Nelson Mandela sobre como ser um grande líder. Inc.com, 29 jul. 2017. Tradução nossa. Disponível em: https://www.inc.com/kevin-daum/31-quotes-on-how-to-be-a-great-leader-from-nelson-.html. Acesso em: 11 set. 2025.

Página 58 [cap. 9]
FEELING Lonely? Consider These 7 Strategies. gretchenruby.com, 6 nov. 2013. Tradução nossa. Disponível em: https://gretchenrubin.com/articles/feeling-lonely-consider-these-7-strategies/. Acesso em: 11 set. 2025.

Página 64 [cap. 10]
DAHER, Elissa Khoury. Precipício em mim: morreu para onde? Cachoeira do Sul: Coralina, 2023. Material de divulgação.

Página 70 [cap. 11]
WITTLINGER, Ellen. Blind Faith. New York: Simon & Schuster, 2012. p. 70. Tradução nossa.

Página 76 [cap. 12]
McCAIN INSTITUTE. Tradução nossa. Disponível em: https://www.mccaininstitute.org/resources/mccain-on-the-issue/1-september-2004/. Acesso em: 3 jul. 2025.

Página 78 [cap. 12]
BROWN, Brené. **A coragem para liderar**. Rio de Janeiro: BestSeller, 2019.

Página 80 [cap. 13]
MURAKAMI, Haruki. **Norwegian Wood**. London: Harvill Press, 2001. p. 121. Tradução nossa.

Página 86 [cap. 14]
GODIN, Seth. **O melhor do mundo**: saiba quando insistir e quando desistir. São Paulo: Alta Books, 2019.

Página 96 [cap. 16]
PENSADOR. Disponível em: https://www.pensador.com/frase/MjE4MjY1MA/. Acesso em: 11 ago. 2025.

Página 102 [cap. 17]
SIMPLY Breathe. **Majestic Community Wellness**. Tradução nossa. Fonte: https://www.majesticcommunitywellness.com/blog-1/simply-breathe. Acesso em: 12 ago. 2025.

Página 114 [cap. 19]
HAIG, Matt. **Reasons To Stay Alive**. London: Canongate Books, 2015. p. 166. Tradução nossa.

Página 126 [cap. 21]
GOODREADS. Tradução nossa. Fonte: https://www.goodreads.com/quotes/7464293-the-biggest-communication-problem-is-we-do-not-listen-to. Acesso em: 12 ago. 2025.

Página 130 [cap. 22]
PENSADOR. Disponível em: https://www.pensador.com/frase/Mjc5NTkzOA/. Acesso em: 12 ago. 2025.

Página 136 [cap. 23]
ZEN MOMENTS. Tradução nossa. Disponível em: https://zenmoments.org/alan-cohen-quotes/. Acesso em: 12 ago. 2025.

Página 140 [cap. 24]
PENSADOR. Disponível em: https://www.pensador.com/thomas_jefferson_frases/. Acesso em: 12 ago. 2025.

Página 146 [cap. 25]
AWESOME At Your Job. Tradução nossa. Disponível em: https://awesomeatyourjob.com/375-how-and-why-to-communicate-mindfully-with-oren-jay-sofer/. Acesso em: 12 ago. 2025.

Página 150 [cap. 26]
EGER, Edith. **The Gift**: 12 Lessons to Save Your Life. Godalming: Rider & Co, 2020. Tradução nossa.

Página 154 [cap. 27]
BRAINY Quote. Tradução nossa. Disponível em: https://www.brainyquote.com/quotes/don_miguel_ruiz_182403?src=t_ask. Acesso em: 12 ago. 2025.

Página 160 [cap. 28]
GRACIOUS Quotes. Tradução nossa. Disponível em: https://graciousquotes.com/taking-risks/. Acesso em: 12 ago. 2025.

Página 162 [cap. 28]
VAN STAPPEN, Anne. **Caderno de exercícios para se afirmar e enfim ousar dizer não**. Petrópolis: Vozes, 2014. p. 38.

Página 164 [cap. 29]
GOODREADS. Tradução nossa. Disponível em: https://www.goodreads.com/author/quotes/162578.Bren_Brown?page=12. Acesso em: 12 ago. 2025.

Página 168 [cap. 30]
SHERMAN, James R. **Rejection**. Cleveland: Pathway Books, 1982. p. 45. Tradução nossa.

Página 174 [cap. 31]
BROWN, Brené. Clear Is Kind. Unclear Is Unkind. **brenebrown.com**, 15 out. 2018. Disponível em: https://brenebrown.com/articles/2018/10/15/clear-is-kind-unclear-is-unkind/. Acesso em: 12 ago. 2025.

Página 180 [cap. 32]
PENSADOR. Disponível em: https://www.pensador.com/frase/NzYzMTQ0/. Acesso em: 12 ago. 2025.

Gabarito do **caça-palavras** do capítulo 6 (p. 45):

I	C	E	N	S	T	A	T	T	S	O	T	E	N	S	T	E	A
E	**R**	S	N	T	S	T	O	W	E	I	T	E	D	P	A	S	E
N	**E**	S	S	T	B	N	A	I	N	E	N	E	I	W	E	D	D
M	**S**	H	M	N	W	B	R	O	S	T	P	K	S	H	R	C	T
Y	**P**	W	E	D	U	B	E	I	A	I	S	I	A	N	A	R	N
N	**E**	**M**	**P**	**A**	**T**	**I**	**A**	B	H	E	U	R	E	A	O	R	F
H	**I**	L	R	E	H	S	N	N	Y	T	N	D	Y	A	T	N	C
H	**T**	H	C	K	S	M	C	**C**	**L**	**A**	**R**	**E**	**Z**	**A**	C	E	A
S	**O**	B	A	L	R	R	A	L	O	S	R	P	C	O	S	A	U
E	H	N	N	E	R	E	F	H	E	D	A	H	H	P	T	F	R
R	L	C	S	I	O	R	E	N	O	N	H	R	A	N	N	D	C
M	C	I	U	G	T	E	S	C	R	F	A	O	S	E	E	E	D

Gabarito das **palavras cruzadas** do capítulo 13 (p. 83):

1. DIÁLOGO
2. EMOÇÕES
3. NUNCA
4. EMPATIA
5. GENTILEZA
6. ELEFANTE

Caso você tenha alguma dúvida,
o autor terá o maior prazer em esclarecê-la.

KARIM KHOURY
E-mail: karim@karimkhoury.com.br
Site: http://www.karimkhoury.com.br
Facebook: https://www.facebook.com/karimkhourybr/
Instagram: @karimkhourybr
YouTube: /KarimKhouryvideos